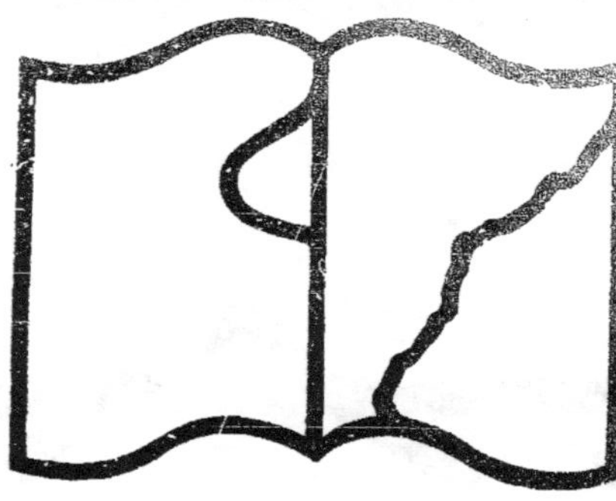

Illisibilité partielle

Contraste insuffisant

NF Z 43-120-14

Texte détérioré — reliure défectueuse

NF Z 43-120-11

Valable pour tout ou partie
du document reproduit

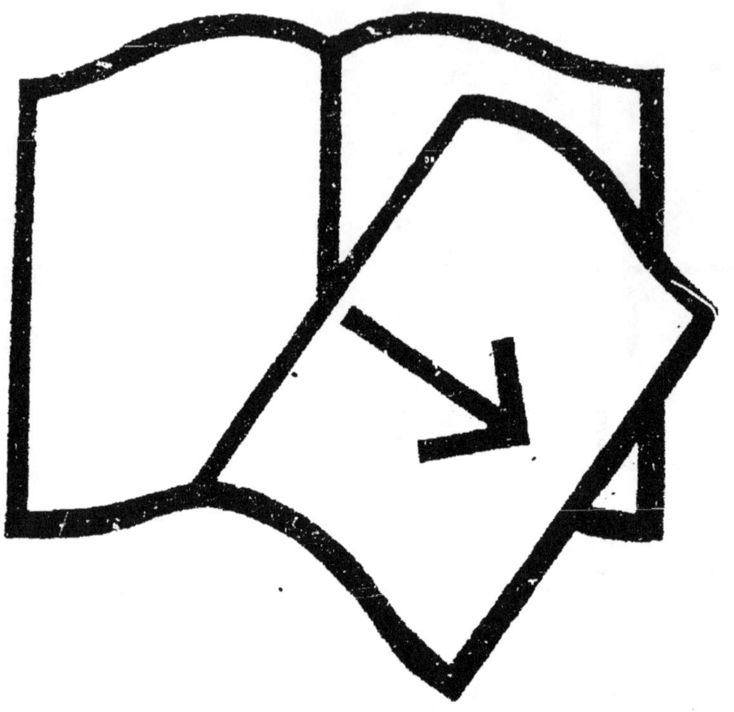

Couvertures supérieure et inférieure
manquantes

Original en couleur

NF Z 43-120-8

Cartulaire

qui concernent les …

du Département …

par Max Ge…

Bulletin de la société

des Sciences de l'Yonne

en 1881

(7)

881.

CATALOGUE DES CARTULAIRES

QUI CONCERNENT LES PAYS DU DÉPARTEMENT DE L'YONNE.

Par M. Max. Quantin.

On appelle cartulaires, *cartularia*, des recueils de chartes d'un monastère, d'une église ou d'une ville, transcrits à des époques du moyen-âge plus ou moins reculées. L'origine de ce genre de recueils remonte, selon Dom Mabillon, au xe siècle. Ce docte écrivain en cite plusieurs.

En réunissant ainsi, dans un ou deux volumes, les titres les plus précieux des monastères, on pouvait les sauver très facilement des dangers qu'ils couraient par les invasions, les incendies et les autres fléaux. Tous les établissements religieux un peu importants eurent leurs cartulaires. C'est surtout depuis le xiie siècle qu'on rencontre ces monuments, ce qui a été cause quelquefois de la perte des chartes originales laissées avec indifférence dans le chartrier. Les rois ont fait aussi composer des cartulaires ; on connaît ceux de Philippe-Auguste. Le Trésor des chartes renferme sous le titre de *Registres de la chancellerie* une collection de volumes où ont été transcrits, à mesure qu'ils étaient édictés, les principaux actes émanés de l'autorité royale.

Les villes et les hôpitaux, à l'exemple des monastères, ont fait aussi transcrire leurs chartes et priviléges dans des registres en parchemin. On en voit encore dans les archives des villes de Sens et d'Auxerre, dans celles des Hôtels-Dieu de Saint-Florentin et de Sens.

Le plan et la disposition des cartulaires des églises qui méritent ce nom, étaient toujours raisonnés. Dans ces recueils, dit Baluze, on gardait ordinairement un certain ordre ; les uns mettaient, au commencement, les bulles des papes, ensuite les priviléges des empereurs et des rois, les concessions des évêques et des grands seigneurs, et enfin les donations des particuliers ; les autres, au contraire, mettaient en premier lieu les lettres qui regardaient les églises dépendant de leurs abbayes, les actes qui concernaient leur juridiction ecclésiastique et temporelle, et enfin les bulles des papes et les priviléges des rois et des comtes. D'autres rangeaient les chartes suivant l'ordre des matières ou bien selon l'ordre chronologique.

Les accusations de falsification n'ont pas plus manqué autrefois aux cartulaires qu'aux chartes elles-mêmes. Mais les Bénédictins n'ont pas laissé les attaques sans réponse et sans réfutation, et leur jugement sur cette matière y est resté, tandis que les critique des Lenglet, des P. Hardouin et autres sont tombées dans le mépris.

Il y a des cartulaires qui se composent de chartes transcrites les unes à la suite des autres et sans certificats signés par des personnes publiques ; ce sont les plus anciens. D'autres sont revêtus de signatures de notaires et font foi en justice comme les originaux. D'autres recueils, plus modestes, ne sont utiles que par les documents qu'ils renferment.

Les cartulaires, dont nous donnons dans ce Mémoire le catalogue et l'analyse, sont de ces diverses espèces. On remarque au nombre des plus importants le grand cartulaire de l'abbaye de Saint-Germain, celui des Templiers du Saulce, de la ville d'Auxerre, des abbayes de Crisenon, de Molesmes, de Pontigny, de l'archevêché de Sens, du prieuré de Michery, de la ville et des Célestins de Sens, du Popelin de la même ville, et les importants cartulaires de Saint-Michel de Tonnerre, composés par les soins de l'abbé Etienne de Nicey (xvie siécle ;) enfin le cartulaire de l'abbaye de Vauluisant, qui est à la bibliothèque nationale.

L'importance des cartulaires pour l'histoire du moyen-âge a été proclamée depuis longtemps, et vous l'avez reconnue vous-même en publiant un recueil de chartes en trois volumes, qui fournissent aux travailleurs les documents les plus précieux. En parcourant notre catalogue, on est frappé de l'importance des cartulaires du département.

Les premières chartes remontent à l'an 634. Au ixe siècle, paraissent les chartes impériales et royales, puis à partir du commencement du xiie siècle, les documents se continuent sans interruption dans les siècles suivants. Le concours des rois, des évêques, des

____

(1) *Nouveau traité de Diplomatique*, par deux Bénédictins.

comtes et des seigneurs locaux est universel pour la dotation des nouveaux monastères des ordres de Citeaux, de Clairvaux, de Prémontré.

Les chartes de ces divers personnages nous présentent l'état et la constitution de la société judiciaire, féodale et religieuse, celui de l'agriculture et de l'industrie.

Au moyen des cartulaires on peut donc reconstituer l'état d'une contrée pendant la grande période des xiie et xiiie siècles.

Les vicissitudes qu'ont éprouvées nos cartulaires méritent d'être racontées.

Il est fait encore mention, dans les archives, de plusieurs cartulaires qui n'ont pas laissé de traces, tels que le cartulaire de l'abbaye Saint-Marien d'Auxerre, commençant par ces mots : « Incipiunt annotationes privilegiorum nostrorum et cartularium « quas habemus in possessionibus nostris. » (H 1269), celui du prieuré de Saint-Eusèbe d'Auxerre, dont parle un acte de 1274 qui y fut transcrit. (Archives du prieuré, rue Neuve).

Les archives de l'archevêché de Sens renfermaient encore au xviiie siècle un cartulaire appelé *Cartulaire de Caillot Michel*, qui était, en 1747, entre les mains du sieur Chaillot, procureur du roi à Provins. Il avait au moins 205 feuillets, suivant les titres qui, au nombre de 12, en ont été tirés pour le prieuré de Buisson-les-Provins, et dans la première liasse de ceux du prieuré de Saint-Loup-du-No, dépendant aussi de Saint-Pierre-le-Vif. (G H 250, arch. de l'Yonne).

Le désordre causé par la suppression des maisons religieuses amena la disparition de leurs dépôts d'archives et de leurs bibliothèques de plusieurs cartulaires tels que ceux de l'archevêché et du chapitre de Sens ; ceux des abbayes de Reigny et de Dilo, celui-ci ayant plus de 200 feuillets.

Ensuite, l'exécution des lois sur le brûlement des titres féodaux en 1793, fit détruire plusieurs de nos cartulaires, tels que celui de l'évêché d'Auxerre en deux volumes, l'un desquels était couvert d'ais de bois et de peau et fermé par deux fermillets d'argent doré. On l'appelait le *Pollyé* ou cartulaire de l'évêché. (Arch. de l'Yonne, G. 18-19.)

Celui du chapitre d'Auxerre fut lacéré, puisqu'il n'en reste plus qu'un petit fragment (G. 1797), et qu'il avait au moins 537 feuillets (1).

Un article du décret sur la formation des bibliothèques des districts (8-23 pluviôse an II) et de celui du 3 brumaire an IV sur

____

(1) Voir ci-après, p. 64.

la création des bibliothèques des écoles centrales, prescrivait de réunir dans ces dépôts les chartes et les cartulaires. C'est alors que le P. Laire, minime, savant bibliographe échoué à Sens, voulant enrichir la bibliothèque de l'école centrale du département, dont il était chargé, tira des archives des couvents supprimés tous les cartulaires qu'il put y rencontrer. Mais bientôt le ministre de l'intérieur ordonna d'envoyer à la Bibliothèque nationale ces cartulaires qui n'étaient, cependant, « que le fruit des siècles barbares. »

Mais laissons parler le ministre qui était, cependant, un homme éclairé :

Lettre du Ministre de l'Intérieur à l'Administration centrale du département de l'Yonne du 21 frim. an VII (12 déc. 1799.)

« Citoyens, tous les cartulaires des ci-devant instituts religieux qui se trouvent disséminés dans les divers dépôts littéraires, bibliothèques et archives de la République doivent être réunis à Paris. Ces titres, fruits des siècles barbares, se lient trop essentiellement à leur histoire pour pouvoir en être distraits. Il faut qu'ils attestent à la postérité ce que l'ambition et l'artifice des corporations privilégiées ont obtenu de la crédule ignorance de nos pères, et qu'ils lui fassent apprécier l'heureuse révolution qui s'est faite dans l'esprit humain.

« Vous voudrez donc bien faire rechercher tout ce que les dépôts de votre département possèdent en ce genre et l'adresser à Paris, aux conservateurs de la Bibliothèque nationale, rue de la Loi. Je m'en rapporte sur votre zèle pour l'exécution de cette mesure, et je suis persuadé que la confiance qu'il m'inspire ne sera pas déçue.

« *Signé :* FRANÇOIS DE NEUFCHATEAU. »

Au reçu de cet ordre, le P. Laire n'avait plus qu'à s'exécuter. Il envoya, en conséquence, à Paris, les cartulaires suivants qui sont encore à la Bibliothèque nationale :

    Abbaye de Crisenon,
    Abbaye de Reigny,
    Chapitre de Sens,
    Abbaye de Vauluisant (1).

En faisant cet envoi, le P. Laire eut soin de conserver ici les cartulaires de l'abbaye Saint-Germain d'Auxerre.

(1) Voyez ci-après la description de ces cartulaires d'après l'inventaire

D'autres cartulaires, qui étaient confondus parmi les papiers en désordre des dépôts provisoires d'archives entassés dans les districts, échappèrent à la razzia administrative, et nous les avons trouvés sur les rayons lors du triage et du classement de nos archives départementales.

CATALOGUE

AUXERRE (chapitre cathédral). Fragment de cartulaire composé de 2 folios gr. in-8, sur parchemin d'une fine écriture cursive du XIIIe siècle (Archives de l'Yonne, G. 1797) ; — Charte de Philippe-Auguste, confirmative d'un accord entre le comte de Nevers et le Chapitre, au sujet de leurs hommes respectifs (1210) ;

4 chartes de Pierre, comte de Nevers ;

1 charte d'Agnès, sa femme ; 1 charte de Thibaud, comte de Champagne : 2 chartes de Guillaume de Seignelay, évêque d'Auxerre, etc.

Le Cartulaire avait autrefois au moins 537 feuillets, d'après l'en-tête d'un acte de 1310, relatif aux bois de Varzy (fonds de l'évêché d'Auxerre).

AUXERRE (abbaye Saint-Germain). Le grand Cartulaire sur in-fo vélin (Bibliothèque d'Auxerre, no 142, 216 feuillets), minuscule gothique du XIIIe siècle jusqu'au 98e folio, sauf quelques interpolations cursives ; puis minuscule massive du XIVe siècle, et enfin la cursive du XVe siècle finissant remplit les 36 derniers feuillets.

On lit en tête : « *Quoniam procedente cursu temporis de die in diem per universum orbem malicia intolerabiliter succrescere dinoscitur...* »

Pourquoi l'abbé Jean fit, en l'an 1266, rassembler les chartes de l'abbaye par les soins de frère Gui de Munois, groncier, et de Gui Bocon, préchantre, et les fit transcrire par Gautier, écrivain anglais, dans le présent volume.

Les chartes sont classées de la manière suivante :

Bulles des papes depuis Eugène III ;

Diplômes des empereurs et des rois carlovingiens ;

Chartes des comtes et des évêques d'Auxerre, des comtes de Champagne et de Bar, et des barons, selon leur rang (XIIIe-XVIe siècles).

Dans la partie du XIIIe siècle, chaque charte est précédée d'un titre ou rubrique en encre rouge, contenant l'analyse de la pièce.

des manuscrits latins de la bibliothèque nationale, publié par M. L. Delisle et le *Cabinet historique* de 1877.

Les lettres initiales sont quelquefois fleuronnées, mais ordinairement rouges ou bleues.

AUXERRE (abbaye Saint-Germain). Cartulaire du Pitancier, in-f° vel., 138 feuillets, parch. (bibliothèque d'Auxerre, n° 143), XIII° et XIV° siècles ; chartes des comtes de Nevers, de Bailledard d'Auxerre, P. curé d'Irancy, etc.

AUXERRE (abbaye Saint-Germain). Recueil, in-f°, 28 feuillets papier (Archives de l'Yonne. H. 1010) ; copies des chartes des empereurs carlovingiens et des premiers rois de la troisième race, contenant des priviléges pour l'abbaye. Ces chartes, au nombre de 23, datent de l'an 835 à 1211, sont tirées des grands Cartulaires de l'abbaye (bibliothèque d'Auxerre, n° 142), et ont été vidimées en 1670).

AUXERRE (abbaye Saint-Germain). Recueil composé de copies de chartes tirées de différents monastères et relatives aux comtes d'Auxerre. Il a été communiqué à dom Mabillon. In-f° 40 feuillets pap., écriture du XVII° siècle ; 26 chartes de l'an 1000 à 1257 (Arch. de l'Yonne, H.)

AUXERRE (abbaye Saint-Germain). Registre des concordats et transactions entre les religieux et leurs abbés et plusieurs communautés monastiques. In-f°, 137 folios pap. (Arch. de l'Yonne, H. 1011), pièces datant de 1556 à 1712.

AUXERRE (abbaye Saint-Germain). Recueils ; 12 registres in-f° pap. (Arch. de l'Yonne, H. 1012 à 1023) ; transcriptions de tous les actes concernant les propriétés, droits et redevances dus à l'abbaye sur Auxerre et autres pays. 1489 à 1681.

AUXERRE (abbaye Saint-Germain). Copies de chartes concernant le prieuré de Saint-Florentin. Cahier in-f°, 13 feuillets, pap., écriture du XVII° siècle (Arch. de l'Yonne H. 1068) ; chartes de Thibaud et d'Henri, comtes de Champagne, 1045-1187, de Rahier, vicomte de Saint-Florentin (vers 1180), du pape Innocent II, etc. (de 1045 à 1570).

AUXERRE (abbaye Saint-Marien). Recueil de chartes et titres classés par ordre de pays ; in-f° 400 pages papier (Arch. de l'Yonne, H. 1201) ; écriture du XVIII° siècle (XII°, XVII° siècles) ; chartes :
Rois : Louis-le-Jeune, Philippe-Auguste, la reine Adèle (XII° siècle) ;
archevêques de Sens du XII° siècle : Hugues, Gui, Michel ;
Evêques d'Auxerre : Alain et Hugues (XII° siècle) ;
Comtes de Joigny : Rainard et Guillaume (XII° siècle) ;
Seigneurs de Seignelay (XII° et XIII° siècles) ; officiaux divers, etc. ;

Lieux : Auxerre, Appoigny, Bassou, Bonnard, Cheny, Villeneuve-le-Roi et Valprofonde.

AUXERRE (abbaye Saint-Marien O. P.) Cartulaire in-f°, 12 feuillets, parch. (Arch. de l'Yonne, H. 1200).

Copie signée faite en 1545 ; 14 chartes datées de 1163 à 1423.

Guillaume, Alain, Henri, évêques d'Auxerre, Pierre, comte de Nevers, et Agnès, sa femme ; Jean I et Jean II de Chalon, comtes d'Auxerre.

AUXERRE (prieuré Saint-Gervais). Recueil de 16 chartes, in-4° pap., 31 folios (Arch. de l'Yonne, H. 1375), écrit vers 1500 ; chartes des comtes d'Auxerre (de 1123 à 1215), de Hugues, évêque de cette ville (1146), et de Guillaume, autre évêque (1217).

AUXERRE. Extraits d'archives et de cartulaires faits par ou pour Gaignères, et relatifs aux établissements religieux d'Auxerre (Bibl. nat., man. lat. 17048, 93 fol.).

AUXERRE (abbaye Saint-Julien).— Cartulaire in-f° vélin, cursive de la fin du XIII° siècle, 9 f°ˢ et 13 chartes de 634 à 1291 (Arch. de l'Yonne, H.). La plus ancienne est de saint Pallade, évêque d'Auxerre (634) ; c'est le monument le plus vieux qu'on connaisse sur le diocèse. Puis viennent deux chartes de Louis-le-Débonnaire et de Charles-le-Chauve, d'autres des comtes de Joigny des XI°, XII° et XIII° siècles, relatives aux terres de Migennes et de Bussy-en-Othe et de la forêt de ce nom.

AUXERRE (comté d'). Cartulaire des fiefs et arrière-fiefs du comté d'Auxerre. Pet. in-f°, 67 feuillets parch. (Arch. de la Côte-d'Or, B. 10435).

Dressé d'abord en 1515 par ordre de Blanchet Davy, lieutenant-général du baillage d'Auxerre, et copié « sur un gros cayer en papier fort gasté d'encre qui est cheutte sur le coffre qui le contenoit, durant la peste qui a eu cours en ceste ville d'Auxerre de neuf à dix mois qu'avons esté absent hors de ceste dicte ville d'Auxerre. »

Copie collationnée en 1562.

Les chartes remontent à 1221 et vont jusqu'en 1548.

Une copie du cartulaire transcrite en 1852, par M. Max. Quantin, archiviste de l'Yonne, existe à la préfecture de l'Yonne (A. 2), sur papier in-f° de 122 pages.

AUXERRE (comté d'). Cartulaire pet. in-f°, 15 feuillets parch. (Arch. de la Côte-d'Or, B. 10434). An 1315.

Actes de foi et hommages au comte d'Auxerre par les sires de Seignelay, d'Arcy, de Vincelles, de Courson, de Migé, etc.

AUXERRE (ville d'). Cartulaire in-f° vélin ; minuscule datée de 1459, 81 f°ˢ paginés où manquent les f°ˢ 1, 2, 7 et 8 (archives de la ville).

En tête, table des 44 chartes contenues dans le volume, de 1194 à 1456, concernant les priviléges accordés à la ville par Pierre de Courtenay et d'autres comtes d'Auxerre, par les rois, etc.

A la première page, enluminée, est peint l'écusson des armes de la ville, qui sont d'*azur au lion d'or rampant et semé de billettes du second*. Un ange nimbé d'or aux ailes rouges, robe blanche et manteau vert, soutient l'écusson qui est inscrit dans un grand C, première lettre du mot Cartulaire.

CHABLIS (prévôté dépendant du chapitre Saint-Martin de Tours). Recueil de chartes in-f° pap., 23 folios (Arch. de l'Yonne, G. 2296) ; écriture du commencement du xvi° siècle. Copie de trente chartes du xii° et surtout du xiii° siècle, concernant presqu'exclusivement les droits du prévôt à Chablis et lieux voisins ; chartes des comtes de Champagne, des sires de Montréal, de Noyers et de Maligny, 1128-1552.

CRISENON (abbaye de O. S. B. femmes). Cartulaire in-f°, 122 feuillets et 3 f°ˢ préliminaires (bibl. nat., man. lat. 9885) ; écrit vers l'an 1291 ; 234 chartes datant de 1145 à 1249.

Bulles des papes depuis 1145 ; chartes des comtes d'Auxerre, des sires de Toucy, Arcy, Saint-Verain ; charte française en 1249.

Lieux désignés : Auxerre, Arcy-sur-Cure, Bazarne, Crain, Escolives, Fontenay, Lucy-sur-Cure, Mailly-Château, Pierre-Pertuis, Prégilbert, Sainte-Pallaye, Vincelles.

DILO (abbaye de, O. P.). Copies de chartes, cahier in-4°, 7 feuillets papier, transcrites en 1691 par Fr. Du Bois-Lambert, prieur de Dilo (Arch. de l'Yonne, H. 634), « *in antiquo cartulario in archivis Deiloci existenti.* » 16 chartes datant de 1139 à 1184 et concernant la terre de Fosse-More ou de la Madelaine sur Theil ; deux de Louis-le-Jeune (1139), et une troisième sans date donnée à Sens ; 11 de Henri, Hugues, Guillaume et Gui, archevêques de Sens.

MICHERY (prieuré de la Cour-Notre-Dame, primitivement abbaye de femmes. O. C.). Cartulaire in-f° parch., couvert d'ais de bois, 222 f°ˢ, écriture de la fin du xv° siècle ; 324 chartes (Archives de l'Yonne, H. 787). Les pièces vont de l'an 1220 à 1495. Le cartulaire a été dressé, comme l'apprend une histoire de la maison qui est résumée en tête, par ordre de Jean de Cirey, abbé de Cîteaux. Les chartes sont signées par un notaire public.

Bulles des papes Innocent IV, 1245, 1246, et Clément IV, 1277, et autres papes.

Privilége du roi Philippe-le-Bel (1304).

Chartes des comtes de Champagne, de Gauthier, archevêque de Sens, pour la fondation de l'abbaye (1225) ; des seigneurs des Barres, de Fleurigny, de Michery, de Sergines, de Traînel, sires de Foissy (xiii⁰ siècle), etc.

MOLESMES (office du Cellérier). Recueil de chartes in-f⁰. pap., 16 f⁰ˢ, xvi⁰ siècle ; 37 chartes datant de 1147 à 1238 (Archives de l'Yonne, H.).

Extraits du grand Cartulaire et concernant les droits du cellérier.

MOLESMES (abbaye de. O. S. B.). Cartulaire sur parch. (Arch. de la Côte-d'Or, H.). 2 vol. in-f⁰.

1er vol. 63 f⁰ˢ à longues lignes, minuscule du premier tiers du xii⁰ siècle en grande partie ; rubriques et initiales des chartes rouges.

Les chartes sont en grande partie du xi⁰ siècle et quelques-unes de la première moitié du xii⁰, et la plupart sans dates précises. On y a mis au xvii⁰ siècle des dates en marge qui ne sont que des à peu près.

Elles concernent notamment le Tonnerrois.

2⁰ vol, gr. in-f⁰ à 2 col., 153 f⁰ˢ, intitulé : « *Hic sunt transcripta cartarum ecclesie Molismensis,* » minuscule gothique plus ou moins régulière de la fin du xiii⁰ siècle, rubriques rouges, initiales fleuronnées. Les pièces sont transcrites sans méthode et sans ordre chronologique, mais a peu près topographiquement. On y trouve des chartes remontant à l'origine même du monastère et d'autres en plus grand nombre des xii⁰ et xiii⁰ siècles. Les villages du Tonnerrois y sont souvent l'objet de chartes données par les comtes de Tonnerre et les autres seigneurs de la contrée.

POILLY-PRÈS-AILLANT (prieuré de Vieupou, O. G.). Recueil de copies de chartes et titres, in-f⁰, 121 feuillets pap. ; 165 pièces datées de 1173 à 1617 (Arch. de l'Yonne, H. 814). On lit en tête : « Transcription de tous les titres du prieuré de N.-D. de Vieupou, déchiffrés par le R. P. Pierre Le Gay, prêtre profès de Saint-Etienne de Grandmont et transcrit par moy F. Louis Bertucat, religieux, ce 3 octobre 1740. »

Chartes des sires de Champlay et de Mello, seigneurs de Loches, de Saint-Maurice et de Saint-Bris ; de Guillaume de Narbonne, de Louis, comte de Sancerre (xiii⁰ siècle).

POILLY-PRÈS-AILLANT (prieuré de Vieupou, annexes de Charnes et de Charbonnières). Recueil de copies de chartes, in-f°, 64 feuillets pap. (Archives de l'Yonne, H. 858) ; 180 pièces datées de 1217 à 1746, époque de la transcription. Chartes du chapitre d'Avallon et des comtes de Sancerre, fondateurs du prieuré de Charnes.

PONTIGNY (abbaye de, O. C.). Ancien Cartulaire in-f° parch., 60 feuillets, XIIe siècle (Bibl. nat. man. lat. 9887). Ce recueil avait autrefois 62 feuillets. Il est divisé par ordre de matières : Priviléges des rois et des princes ; chartes des rois de France et d'Angleterre, des comtes de Champagne, de Nevers, d'Auxerre et de Joigny, des archevêques de Sens et des évêques d'Auxerre ; des sires de Brienne, de Montréal, de Noyers, de Saint-Verain, de Maligny, de Trainel, etc.

Les chartes sont classées par lieux ainsi qu'il suit : Bœurs, Villiers-la-Grange, Aigremont, Chailley, Pontigny, Crécy ; et plus loin : Auxerre, Saint-Bris, Chablis, Tonnerre, Maligny, Troyes, Dijon, Mâlay, Sens.

Chartes des clercs, des abbés et des nobles contenant donations de redevances en argent, sur divers lieux, en monnaies d'Auxerre, de Provins et de Tours ; donations en grains ; exemptions de péage par les rois et les princes, par terre et par eau. Les chartes datent de l'an 1120 à la fin du XIIIe siècle et sont au nombre de 410.

Copie de ce Cartulaire est aux archives de l'Yonne, H. 1400, in-f° pap., 172 feuillets, écriture du XVIIIe siècle.

PONTIGNY (abbaye de). Grand Cartulaire in-f°, 310 p. (Bibl. nat., ms. lat. 5465) ; écriture de la fin du XIIIe siècle ; 589 chartes datant de 1120 à 1315 ainsi divisées : 1er livre, chartes des rois ; 2e livre, chartes des nobles ; 3e livre, domaines. Il commence ainsi : *Incipit liber continens cartas de Pontiniaco universaliter.* Nombreuses chartes différentes de celles du précédent Cartulaire, et des rois, des archevêques de Sens, des évêques d'Auxerre et de Troyes et des seigneurs de la contrée.

Ce Cartulaire a disparu de l'abbaye pendant les guerres du XVIe siècle. Dubouchet, dans les preuves de la généalogie de la maison de Courtenay (1661), cite une charte du Cartulaire de Pontigny, « qui est dans la bibliothèque de M. le président Molé. »

En 1666, ce Cartulaire figure parmi les 93 manuscrits acquis par Colbert de M. de Sainte-Croix. A la mort du marquis de Seignelay, son fils, le roi envoya retenir tous les manuscrits de cette prodigieuse bibliothèque et les fit porter en 1732 dans sa bibliothèque de l'hôtel de Soissons, où elle est restée.

Copie de ce Cartulaire est aux archives de l'Yonne, H. 1401, gr. in-f° pap., 705 feuillets, écriture du xviii° siècle, avec table générale.

QUINCY (abbaye de, O. C.). Recueil in-4° pap., 31 f°ˢ (Bibl. de Tonnerre); écriture du xvi° siècle, mélange de capitales gothiques dans une minuscule italique. Rubr. et cap. en couleur. Il ne contient que des bulles de quinze papes, et au nombre de 63, datées de 1135 à 1285, la plupart communes à l'ordre de Citeaux.

A la suite, 3 bulles générales, écriture du xviii° siècle.

REIGNY (abbaye de, O. S. B.). Recueil gr. in-f° relié en veau (Arch. nat., section judiciaire LL. 988 bis).

26 chartes depuis l'an 1100 environ à l'an 1523, des évêques d'Autun, d'Auxerre et de Langres, des sires d'Arcy, de Merry, de Noyers et de Tanlay, aux xii° et xiii° siècles, etc.

Fondation du monastère de Fontemoy. Terres de Sacy, d'Oudun, de Joux, de la Tour-du-Pré, de Mailly-le-Château, de Villiers-le-Bois..

Copie de la main de M. le comte Henri de Chastellux est aux archives de l'Yonne, F. Reigny I.

REIGNY (abbaye de, O. S. B.). Cartulaire écrit vers 1500, 37 f°ˢ. (Bibl. nat., man. lat. 17725).

On lit dans Courtépée (*Description de la Bourgogne*, t. VII, 47) : « Dom Marlot, Dijonnois, mort prieur de Fontenoy, étant prieur de Reigny, rédigea les titres et chartes en un seul volume in-f°. que le prieur voulut bien me communiquer. »

Le Cartulaire de l'abbaye de Reigny a été emporté à Besançon par le dernier prieur; on ne sait ce qu'il est devenu.

REIGNY et MOLOSME (abbayes de). Extraits d'archives et de cartulaires faits par ou pour Gaignères, et relatifs à ces établissements. (Bibl. nat. ms. lat., 17048, coll. de Gaignères n° 181, pages 389 à 400).

Ces extraits sont tirés d'un petit Cartulaire en papier de l'abbaye de Reigny et se composent de 42 chartes datées de 1146 à 1387, et émanent des évêques d'Auxerre Hugues de Toucy, Alain et Guillaume; des comtes et comtesses de Nevers du xii° et du xiii° siècles; des sires d'Arcy, de Noyers, de Saint-Verain et de Toucy.

Copie de ces extraits est aux archives de l'Yonne, Fonds Reigny.

SAINT-FLORENTIN (hospice de). Cartulaire in-f°, 720 feuillets, papier (arch. de l'hospice, A. I.); chartes et pièces datant de 1207 à 1736.

Un 2ᵉ volume contient la copie des actes de 1736 à 1789.

LE SAULCE (commanderie des Templiers, près d'Auxerre). Manuscrit de la fin du XIIIᵉ siècle, in-4° à 2 col., 70 fᵒˢ vélin ; rubriques rouges (Arch. nat., S. 5235, sect. dom.).

Les chartes sont classées par sous-commanderies, savoir : Le Saulce, commune d'Escolives, chef-lieu, comprenant :

Saint-Bris, — Vallan, — Monéteau, — Auxerre et Tourbenay.

Dans chaque subdivision les pièces sont classées par donations, acquisitions, échanges, etc.

Les chartes sont en latin et émanent des comtes d'Auxerre et de Joigny, des sires de Mello, de Saint-Bris, de Noyers, d'Arcy et de divers particuliers, et vont de 1180 à 1260 environ, sauf 2 pièces de 1316 en français.

Les lieux qui concernent les chartes sont : Auxerre, Joigny, Saint-Bris, Coulanges, Gurgy, Monéteau, Montigny, Escolives, Val-de-Mercy, Vincelles, Billy, Vallan, Champigny, Dracy, Augy.

SENS (archevêché). Cartulaires écrits en 1391, sauf quelques additions ; 3 vol., 207, 163 et 174 fᵒˢ (Bibl. nat., man. lat. 9895-9897).

Ces cartulaires ont été recueillis par Alexis Monteil, puis achetés après sa mort par la Bibliothèque nationale.

Cet écrivain a disposé dans l'état où il est ce cartulaire et en a formé trois registres qui sont interfoliés avec des copies des chartes en regard. Ils ne formaient dans l'origine qu'un seul volume.

On lit au verso du dernier folio du t. II actuel, en caractères du temps : « Cartulaire fait au mois d'aoust, l'an mil CCCIIIIˣˣ onze, par ordre de Monseigneur G. de Dormans, archevêque de Sens. »

Ces volumes contiennent les chartes concernant les priviléges et les biens de l'archevêché, des actes de foi et hommages, etc.

SENS (archevêché). Recueil de chartes gr. in-4°, pap., 88 fᵒˢ de la fin du XVᵉ siècle (Arch. de l'Yonne, H. 183) ; 81 chartes datées de 1163 à 1486. Documents relatifs aux droits des archevêques sur leurs suffragants et sur les monastères de la province ecclésiastique.

SENS (archevêché). Copie d'un Cartulaire des archevêques, par Sirmond, XVIIᵉ siècle (Bibl. nat., man. lat. 11478) ; 119 fᵒˢ.

SENS (chapitre cathédral). Cartulaire du XVᵉ siècle, 74 fᵒˢ (Bibl. nat., man. lat. 9898).

SENS (chapitre cathédral). « Cartulaire original de l'an 1462, « 1 vol. in-fᵒ mar. r. dentelles 600 fᵒˢ. » Cité par A. Monteil dans son livre intitulé : *Traité de matériaux manuscrits de divers genres d'histoire*, 2ᵉ éd., 1836, 1ᵉʳ vol. p. 199, et à la suite : ce Cartulaire est entier et rempli des plus riches documents ; plein de bulles des papes, lettres des rois, priviléges, etc., avec lesquels le chapitre de Sens, composé d'éléments si divers, d'éléments ecclésiastiques, *canonici prebendati ;* laïques, *donati, matricularii ;* d'éléments féminins, *sorores capituli*, se défendait contre les archevêques. — On ignore ce qu'est devenu ce manuscrit.

SENS (chapitre cathédral). Recueil extrait des Cartulaires appelés *Morellus* et *Rossellus*, in-fᵒ pap., 67 feuillets d'une écriture de la fin du xvIᵉ siècle. (Arch. de l'Yonne, G. 731.) Ce manuscrit est fort endommagé. Il y a un certain nombre de copies de chartes, puis une immense nomenclature de pièces divisées en séries alphabétiques et tirées du Cartulaire *Rossellus*. Il y a 159 actes entiers et les 733 autres sont analysés. Les documents les plus anciens sont du xIIᵉ siècle, et les plus récents du xvIᵉ.

SENS (chapitre cathédral). Petit cartulaire concernant la terre de Pont-sur-Yonne. In-fᵒ 16 fᵒˢ, pap., écriture du xvᵉ siècle (arch. de l'Yonne, G. 1330). Chartes au nombre de 27, datant de 1181 à 1410. Plusieurs chartes des rois Philippe-Auguste (1190), saint Louis, Philippe VI, de Guillaume de Champagne, Gui et Gilon, archevêques de Sens, du maire de la commune de Sens (1189 et 1195).

SENS (chapitre cathédral). Cartulaire pour la terre de Saint-Aubin-Château-Neuf, in-4ᵒ, 31 feuillets, pap., écriture du commencement du xvIᵉ siècle (arch. de l'Yonne, G. 1340), 20 chartes datant de 1207 à 1506. Les pièces sont tirées du Cartulaire *Rossellus*, à l'exception de l'acte de 1506.

SENS (abbaye Saint-Jean, O. S. A.). Cartulaire in-4ᵒ, 43 fᵒˢ, parch. (arch. de l'Yonne, H. 376), écriture du xIIIᵉ siècle, 25 chartes datées de 1111 à 1266. Fondation de l'abbaye par le prévôt Etienne (1111). Bulles des papes Innocent II et Alexandre II. Chartes de Louis-le-Jeune, de Philippe-Auguste et de saint Louis. Copie de la coutume de Lorris.

SENS (abbaye Sainte-Colombe, O. S. B.). Recueil d'actes concernant les terres des Bordes-l'Abbé et des Fossés, paroisse de Villeneuve-le-Comte et de la Chapelle-sur-Oreuse. In-fᵒ, 170 feuillets, pap. (arch. de l'Yonne, H. 133), 1365 à 1715.

SENS (Célestins). Cartulaire in-fᵒ, 465 feuillets, papier, écriture de la fin du xvᵉ siècle, 262 pièces datées de 1348 à 1493 (arch. de l'Yonne, H. 492). Testament de Jean de Maizières. Fondation des

Célestins par l'archevêque G. de Dormans (1364). Donations : par Pierre, fils du roi de Navarre, par Isabeau-la-Pelletière, Jean de Vendôme, Jean de Viel-Chastel, etc.

SENS (léproserie du Popelin). Cartulaire petit in-4°, vél., 27 f⁰ˢ, écriture minuscule très pure de l'an 1220 environ, rubr. rouges (arch. de l'Hôtel-Dieu de Sens, II A 2, n° 1). La charte la plus ancienne est de l'an 1155, et la plus récente de 1220 (51 pièces).

Privilége du pape Alexandre III ; deux chartes de Louis-le-Jeune et de Philippe-Auguste ;

Chartes des archevêques de Sens et de divers personnages ecclésiastiques et civils.

SENS (ville de). Cartulaire in-f°, 302 f⁰ˢ vélin, cursive de la fin du XVIᵉ siècle (bibliothèque de Sens). Ce recueil a été écrit par Balthazar Taveau, procureur de la chambre de ville de Sens, en 1572, par ordre du prévôt, du maire et des échevins. Il est divisé en 30 chapitres et contient, savoir :

Priviléges accordés à la ville par les rois de France depuis Louis VIII (1225).

Actes établissant le mairat ;

Lettres-patentes pour la création de foires et marchés, l'établissement d'impôts. Pièces sur le ressort du bailliage, la fondation du collége, la police des métiers, la fortification et des propriétés de la ville ;

Copie aux archives de la préfecture, écrite par M. Max. Quantin, archiviste, en 1841.

TONNERRE (abbaye Saint-Michel). Recueils d'actes formant Cartulaires signés des notaires, 3 vol. in-4°, 337 feuillets, pap., écriture du XVIᵉ siècle (arch. de l'Yonne, H.)

Actes de diverses natures, de 1503 à 1520 ; baux des terres de Coussegré, de Cheney. « Marché entre l'abbé Etienne de Nicey et Laurent Germain, maistre masson du comté de Tonnerre, pour reconstruire la tour et une partie de l'église de Saint-Michel (1503). »

TONNERRE (abbaye de Saint-Michel, O. S. B.). Cartulaires, 7 vol. gr. in-4°, rel. en bois (bibl. de Tonnerre), cotés irrégulièrement M. 1, I. 2, C. 3, H. 4, L. 5, G. sans n°, F. 7., écriture cursive gothique du premier tiers du XVIᵉ siècle.

Vol. M. 1, commence par les lettres-patentes du 13 septembre 1520, pour la confection des terriers et des recueils d'actes de l'abbaye. Ces lettres sont publiées en tête de chacun des volumes de la collection. A la suite est le récit des travaux faits par l'abbé

Etienne de Nicey pour la restauration de l'abbaye et la composition des cartulaires : « *Dignum duxit plura cartularia de eis docentia componere.* »

Les chartes concernent les terres d'Athie et d'Epineuil. On y voit une pièce de Teutbold, évêque de Langres à la fin du IX⁰ siècle, contenant concession de l'église d'Epineuil à l'abbaye Saint-Michel, et un marché pour la fonte d'une grosse cloche. Quelques chartes sont du XIIIᵉ siècle, et la plus grande partie du XV⁰ et du XVI⁰. 140 ff. paginés et 11 en tête non paginés.

Vol. I. 2, 173 fᵒˢ, recueil contenant de nombreuses chartes des XII⁰ et XIIIᵉ siècles, concernant les terres de Cheney, Avreul et Serrigny, Lignières et Vallières, Bar-sur-Seine, et les églises de Fresne et de la Chapelle-Vaupeltaine. On y remarque particulièrement des chartes des évêques de Langres, des comtes de Tonnerre et de Nevers.

Vol. C. 3, 211 ff., paginés en rouge. Les quatre premiers manquent. La fin du volume manque aussi. Il concerne Pimelles, Parron, Cruzy, Saint-Vinnemer et Tanlay, Ancy-le-Serveux. Chartes des évêques de Langres et des comtes de Tonnerre, XIIᵉ-XIV⁰ siècles.

Vol. H. 4, 143 folios, contient une relation succincte des travaux faits par l'abbé de Nicey dans le monastère. Il concerne spécialement la terre de Coussegré (Aube). Chartes des comtes de Tonnerre et des évêques de Langres du X⁰ siècle. Les chartes s'arrêtent à l'an 1528. Les derniers feuillets du volume manquent.

Vol. L. 5, 148 folios, les derniers manquent. Concerne les bois de Sorberay près Lignières. — Actes pour la plus grande partie des XV⁰ et XVI⁰ siècles.

Vol. G. sans n⁰. Après le procès-verbal suit un morceau historique ainsi conçu :

« Tempore quo serenissimi principes Karolus octavus, Ludovicus duodecimus et Franciscus hujus nomini primus, Cristianissimi Francorum regum ceptra rexerunt (reverendis in Christo patribus Johanne de Ambasya, seniore, necnon Johanne etiam d'Ambasia, ejus nepote, Michaele Boudet et Claudio de Longo-Vico episcopalem Lingonensem sedem successive moderantibus) huic sacro Sancti-Michaelis Montis-Voluti prope Tornodorum prefuit cenobio, reverendus pater dominus Stephanus de Niceyo, venerabilis ac benemeritus abbas cui (si magis preesse quam predesse studuerit) ejus virtuosa testantur gesta ipse namque vetustate collapsam divi Michaelis archangeli celi satrape basilicam claustris prius per eum magnifice compositis) a fundatione restauravit, quam idem pie memorie Lingonensis presul Michael cum altaribus, capitulo, claustris et poliandris, dum viveret consecravit, et honorifice eodem domino Stephano

VAULUISANT (abbaye de O. C.). Cartulaire du xiii⁰ siècle, 103 fᵒˢ, parch. (bibl. nat., man. lat. 9901). Les chartes datent depuis l'an 1129 jusqu'à la fin du xii⁰ siècle, et sont données par les archevêques de Sens, les comtes de Champagne, les seigneurs de Trainel, de Sormery, de Foissy, de Vareilles ; les vicomtes de Joigny, etc.

VAULUISANT (abbaye de). *Codex cartaceus olim Rogerii de Gaignières cartularium monasterii de Vælle-lucente O. C., quod R. de Gaignières, partim ex chartis, partim ex cartulario ejusdem monasterii describi curavit. Codex* xviii⁰ siècle.

Publié Bibliothèque royale, catal. des man. latins, t. IV, p. 121, n° 5469.

Gaignières a copié un grand nombre de chartes du Fonds Vauluisant, qui est aux archives de l'Yonne. Suivant Léopold Delisle, il a marqué ces chartes d'un signe particulier, comme on peut le reconnaitre encore.

VILLEFRANCHE (abbaye des Escharlis, O. C.). Transcription de 15 chartes sur une peau de mouton, du commencement du xii⁰ siècle (arch. de l'Yonne, H. 647).

Chartes de fondation du monastère par les seigneurs Vivien de La Ferté, Fromond de Charny, Guillaume de Montcorbon et autres. Belle minuscule presque sans abréviations.